Table Of Contents

المحتويات

بسم الله الرحمن الرحيم

بدأت الفكرة من كوني أم تريد لأطفالها أن يحفظوا القرآن الكريم في الصغر ، لأن العلم في الصغر كالنقش على الحجر . وكي ينشأ أطفالنا على الفطرة الإسلامية السليمة قبل أن يتفلتوا منا وينخرطو في العالم الخارجي المليء بالشتات.

فبدأت بتحفيظ أطفالي السور القصيرة، لكن البطولة في أن نكمل حفظ السور التي تليها (الأطول قليلا).

ولأن التعليم أصبح في حالة يرثى لها وخاصة بعد الكورونا فأنا شخصيا أشعر بالملل من دروس الأونلاين فكيف بالأطفال الذين يحبون المرح واللعب .

فالمعلومة تصل إليهم بطريقة جافة لاتدخل إلى عقل الطفل بسهولة.

ولأني كنت أفكر كثيرا في إيجاد طريقة لتحفيظ أطفالي جزء عم في عمر صغير فقد أكرمني الله بفكرة جميلة تتوافق مع موهبتي التي أعطاني إياها منذ الصغر وهي الرسم ،فأخذت أرسم رمز يعبر عن الفكرة الرئيسية لكل آية لكي يتمكنوا من فهم الآية وقراءة السورة بمجرد النظر إلى الرسوم حتى وهم لايعرفون القراءة بعد .

فكانت هذه الطريقة مجدية معهم بناء على التجربة ولله الحمد والشكر.

هذه الفكرة بدأت من بيتي المتواضع ثم تطورت بناء على تشجيع زوجي وأهلي فقد كانوا داعمين ومشجعين لي وعندما ضعفت همتي كانوا يحثوني على التوكل على الله والاستمرار في هذا الحلم ، فنشرت الفكرة على اليوتيوب ومن ثم على باقي وسائل التواصل الاجتماعي فلاقت الفكرة استحسان المحبين والاصدقاء.

ثم انهالت علي طلبات الجمهور الرائع بأن أوفر لهم نسخة مطبوعة من رسوماتي وكانت تعليقاتهم أروع . فمنهم من وصف الفكرة بالإبداع ومنهم من وصفها بأنها رسالة دكتوراه ومنهم من حفظ السورة لأطفاله وقالوا أنها فكرة رائعة للصغار والكبار أيضا.

فتبنى لي أخي إنتاج هذا المشروع بالكامل جزاه الله عني كل الجزاء.

ولابد للإشارة إلى أنه تم عرض الرسومات على علماء في الدين الإسلامي لنتأكد من صحة الفكرة وموافقتها للشريعة الإسلامية وأن الرسومات بمثابة خريطة ذهنية تهدف إلى تثبيت الحفظ وقد لاقت الاستحسان والتشجيع والحمد لله

ومن هنا نضع بين أيديكم هذا الكتاب آملين من الله تعالى أن يهديكم إلى حفظ القرآن الكريم بطريقة سهلة وواضحة وبسيطة وممتعة إن شاءالله .

عائلة توتي وليموني Youtube : toti&limoni family

Tik Tok : @toti_limoni_family

In The Name Of God Most Gracious Most Merciful

The idea started of me being a mother who wanted her children to memorize the Holly Quran from a young age, and to have our children brought up on a sound Islamic innateness before they slip out of our fingers and get involved in the outside world full of distractions.

I started teaching my children the shorter Surahs, but the heroic thing is to finish memorizing the next longer ones.

Especially with COVID 19, learning has become in a deplorable condition and personally I get bored with the online classes, let alone the children who like to play and have fun. Information is delivered to them in a dry and difficult to be understood way to their child mind.

Because I was thinking a lot about finding a way to let my children memorize Juzu Amma at a young age, I was guided by God to a beautiful idea that was in line with my given talent, drawing. I started drawing in symbols expressing the main idea for each Ayah so they can understand it and read the Surah by just looking at the drawings, even though they can't read yet. After the experiment, the idea worked with them, thank God.

This idea started in my humble home and evolved with encouragement from my husband and family. They have supported me even when I get tired, and encouraged me to depend on God and continue with this dream.

I uploaded the idea on YouTube and then on the rest of social media platforms, and it was received well by friends and loved ones.

The wonderful audience then asked me to deliver a printed version of my drawings, and their comments were wonderful. Some described the idea as creative, and some as worthy of a doctorate thesis while others could teach the Surah to their children and said it was a wonderful idea for children and adults alike. My brother then thankfully promised to produce this whole project, may God reward him.

It is important to mention that the drawings have been shown to Scholars of Islam to make sure the idea was conformed to the Sharia, and that the drawings as a brain map aimed to affix the memorization. They all liked the idea and encouraged me, thank God.

So here I put in your hands this book hoping from God to guide you to easily and clearly memorize the Quran in a fun way inshallah.

YouTube: toti&limoni family
Tik Tok: @toti_limoni_family

سـورة النبأ
An-Naba

عَمَّ يَتَسَاءَلُونَ

`Amma Yatasā'alūna

عَنِ النَّبَإِ الْعَظِيمِ

`Ani An-Naba'i Al-`Ažīmi

الَّذِي هُمْ فِيهِ مُخْتَلِفُونَ

Al-Ladhī Hum Fīhi Mukhtalifūna

كَلَّا سَيَعْلَمُونَ ، ثُمَّ كَلَّا سَيَعْلَمُونَ

Kallā Saya`lamūna,Thumma Kallā Saya`lamūn

أَلَمْ نَجْعَلِ الْأَرْضَ مِهَادًا

'Alam Naj`ali Al-'Arđa Mihādāan

وَالْجِبَالَ أَوْتَادًا

Wa Al-Jibāla 'Awtādāan

وَخَلَقْنَاكُمْ أَزْوَاجًا

Wa Ja`alnā Nawmakum Subātāan

وَجَعَلْنَا نَوْمَكُمْ سُبَاتًا

Wa Ja`alnā Nawmakum Subātāan

وَجَعَلْنَا اللَّيْلَ لِبَاسًا

Wa Ja`alnā Al-Layla Libāsāan

وَجَعَلْنَا النَّهَارَ مَعَاشًا

Wa Ja`alnā An-Nahāra Ma`āshāan

وَبَنَيْنَا فَوْقَكُمْ سَبْعًا شِدَادًا

Wa Banaynā Fawqakum Sab`āan Shidādāan

وَجَعَلْنَا سِرَاجًا وَهَّاجًا

Wa Ja`alnā Sirājāan Wa Hhājāan

وَأَنْزَلْنَا مِنَ الْمُعْصِرَاتِ مَاءً ثَجَّاجًا

Wa 'Anzalnā Mina Al-Mu`şirāti Mā'an Thajjājāan

لِنُخْرِجَ بِهِ حَبًّا وَنَبَاتًا

Linukhrija Bihi Ĥabbāan Wa Nabātāan

وَجَنَّاتٍ أَلْفَافًا

Wa Jannātin 'Alfāfāan

إِنَّ يَوْمَ الْفَصْلِ كَانَ مِيقَاتًا

'Inna Yawma Al-Faşli Kāna Mīqātāan

يَوْمَ يُنْفَخُ فِي الصُّور

Yawma Yunfakhu Fī Aş-Şūri

فَتَأْتُونَ أَفْوَاجًا

Fata'tūna 'Afwājāan

وَفُتِحَتِ السَّمَاءُ فَكَانَتْ أَبْوَابًا

Wa Futiĥati As-Samā'u Fakānat 'Abwābāan

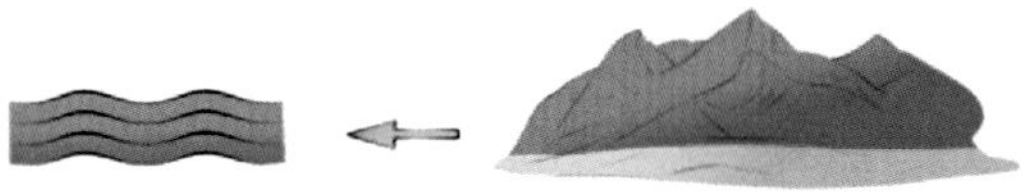

وَسُيِّرَتِ الْجِبَالُ فَكَانَتْ سَرَابًا

Wa Suyyirati Al-Jibālu Fakānat Sarābāan

إِنَّ جَهَنَّمَ كَانَتْ مِرْصَادًا

'Inna Jahannama Kānat Mirşādāan

لِلطَّاغِينَ مَآبًا

Lilţţāghīna Ma'ābāan

لَابِثِينَ فِيهَا أَحْقَابًا

Lābithīna Fīhā 'Aĥqābāan

لَا يَذُوقُونَ فِيهَا بَرْدًا وَلَا شَرَابًا

Lā Yadhūqūna Fīhā Bardāan Wa Lā Sharābāan

إِلَّا حَمِيمًا وَغَسَّاقًا

'Illā Ĥamīmāan Wa Ghassāqāan

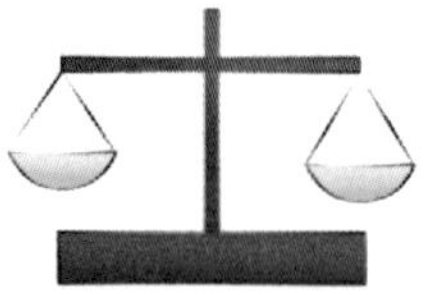

جَزَاءً وِفَاقًا

Jazā'an Wifāqāan

إِنَّهُمْ كَانُوا لَا يَرْجُونَ حِسَابًا

Wa Kadhabū Bi'āyātinā Kidhābāan

وَكَذَّبُوا بِآيَاتِنَا كِذَّابًا

Wa Kadhabū Bi'āyātinā Kidhābāan

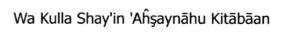

وَكُلَّ شَيْءٍ أَحْصَيْنَاهُ كِتَابًا

Wa Kulla Shay'in 'Aĥşaynāhu Kitābāan

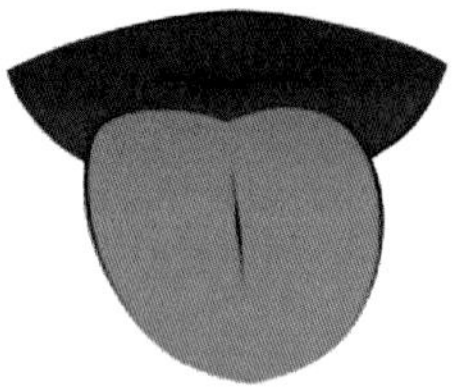

فَذُوقُوا فَلَنْ نَزِيدَكُمْ إِلَّا عَذَابًا

Fadhūqū Falan Nazīdakum 'Illā `Adhābāan

إِنَّ لِلْمُتَّقِينَ مَفَازًا

Inna Lilmuttaqīna Mafāzāan'

حَدَائِقَ وَأَعْنَابًا

Ĥadā'iqa Wa 'A`nābāan

وَكَوَاعِبَ أَتْرَابًا

Wa Kawā`iba 'Atrābāan

وَكَأْسًا دِهَاقًا

Wa Ka'sāan Dihāqāan

لَا يَسْمَعُونَ فِيهَا لَغْوًا وَلَا كِذَّابًا

Lā Yasma`ūna Fīhā Laghwan Wa Lā Kidhābāan

جَزَاءً مِنْ رَبِّكَ عَطَاءً حِسَابًا

Jazā'an Min Rabbika `Aţā'an Ĥisābāan

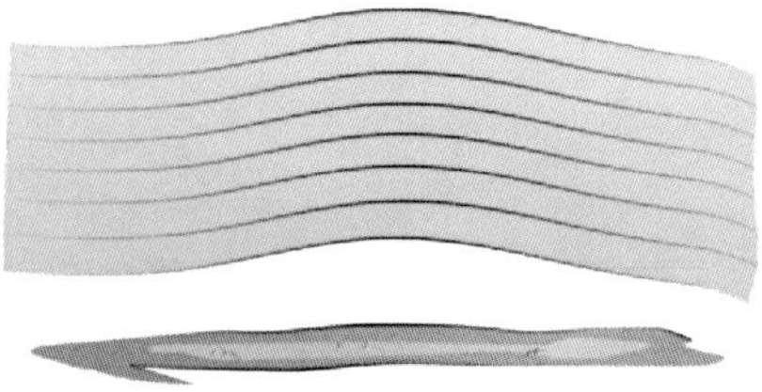

رَبِّ السَّمَاوَاتِ وَالْأَرْضِ وَمَا بَيْنَهُمَا الرَّحْمَٰنِ

Rabbi As-Samāwāti Wa Al-'Arđi Wa Mā Baynahumā Ar-Raĥmāni

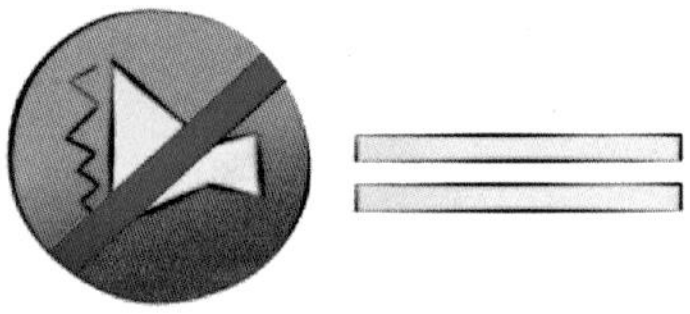

لَا يَمْلِكُونَ مِنْهُ خِطَابًا

Lā Yamlikūna Minhu Khiţābāan

يَوْمَ يَقُومُ الرُّوحُ وَالْمَلَائِكَةُ صَفًّا ۖ لَا يَتَكَلَّمُونَ

Yawma Yaqūmu Ar-Rūĥu Wa Al-Malā'ikatu Şaffāan Lā Yatakallamūna

إِلَّا مَنْ أَذِنَ لَهُ الرَّحْمَٰنُ وَقَالَ صَوَابًا

'Illā Man 'Adhina Lahu Ar-Raĥmānu Wa Qāla Şawābāan

ذَٰلِكَ الْيَوْمُ الْحَق

Dhālika Al-Yawmu Al-Ĥaqqu

فَمَنْ شَاءَ اتَّخَذَ إِلَىٰ رَبِّهِ مَآبًا

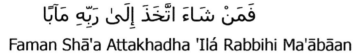

Faman Shā'a Attakhadha 'Ilá Rabbihi Ma'ābāan

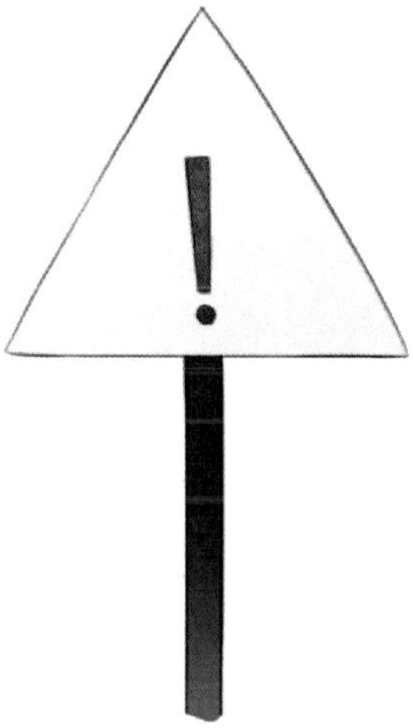

إِنَّا أَنْذَرْنَاكُمْ عَذَابًا قَرِيبًا

'Innā 'Andharnākum `Adhābāan Qarībāan

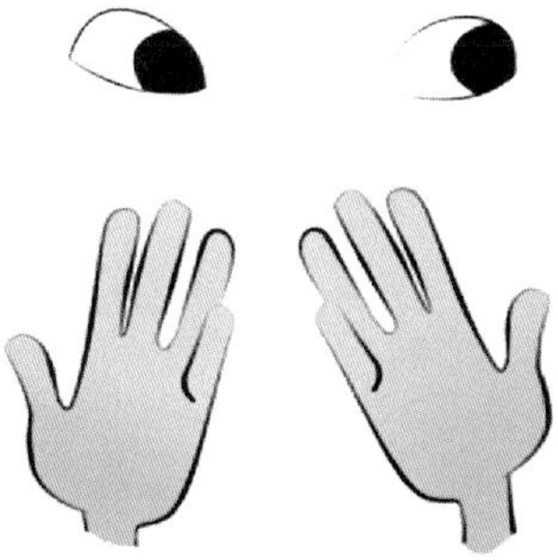

يَوْمَ يَنْظُرُ الْمَرْءُ مَا قَدَّمَتْ يَدَاهُ

Yawma Yanžuru Al-Mar'u Mā Qaddamat Yadāhu

وَيَقُولُ الْكَافِرُ يَا لَيْتَنِي كُنْتُ تُرَابًا

Wa Yaqūlu Al-Kāfiru Yā Laytanī Kuntu Turābāan

سورة العصر
Al-'Asr

وَالْعَصْرِ

Wa Al-`Aşri

إِنَّ الْإِنْسَانَ لَفِي خُسْرٍ

'Inna Al-'Insāna Lafī Khusrin

إِلَّا الَّذِينَ آمَنُوا

'Illā Al-Ladhīna 'Āmanū

وَعَمِلُوا الصَّالِحَاتِ

Wa `Amilū Aş-Şāliĥāti

وَتَوَاصَوْا بِالْحَقِّ

Wa Tawāşaw Bil-Ĥaqqi

وَتَوَاصَوْا بِالصَّبْرِ

Wa Tawāşaw Biş-Şabri

سورة الهمزة

Al-Humazah

وَيْلٌ لِكُلِّ هُمَزَةٍ لُمَزَةٍ

Waylun Likulli Humazatin Lumazahin

الَّذِي جَمَعَ مَالًا وَعَدَّدَهُ

Al-Ladhī Jama`a Mālāan Wa `Addadahu

يَحْسَبُ أَنَّ مَالَهُ أَخْلَدَهُ

Yaĥsabu 'Anna Mālahu 'Akhladahu

كَلَّا ۖ لَيُنْبَذَنَّ فِي الْحُطَمَةِ

Kallā Layunbadhanna Fī Al-Ĥuţamahi

وَمَا أَدْرَاكَ مَا الْحُطَمَةُ

Wa Mā 'Adrāka Mā Al-Ĥuţamahu

نَارُ اللَّهِ الْمُوقَدَةُ

Nāru Allāhi Al-Mūqadahu

الَّتِي تَطَّلِعُ عَلَى الْأَفْئِدَةِ

Allatī Taţţali`u `Alá Al-'Af'idahi

إِنَّهَا عَلَيْهِم مُّؤْصَدَةٌ

'Innahā `Alayhim Mu'uşadahun

فِي عَمَدٍ مُّمَدَّدَةٍ

Fī `Amadin Mumaddadahin

سورة الفيل

Al-Fil

أَلَمْ تَرَ كَيْفَ فَعَلَ رَبُّكَ بِأَصْحَابِ الْفِيلِ

'Alam Tará Kayfa Fa`ala Rabbuka Bi'aşĥābi Al-Fīl

أَلَمْ يَجْعَلْ كَيْدَهُمْ فِي تَضْلِيلٍ

'Alam Yaj`al Kaydahum Fī Tađlīlin

وَأَرْسَلَ عَلَيْهِمْ طَيْرًا أَبَابِيلَ

Wa 'Arsala `Alayhim Ţayrāan 'Abābīla

تَرْمِيهِمْ بِحِجَارَةٍ مِنْ سِجِّيلٍ

Tarmīhim Biĥijāratin Min Sijjīlin

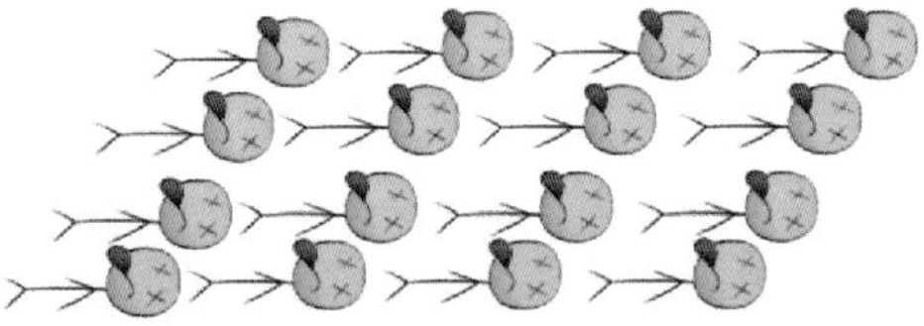

فَجَعَلَهُمْ كَعَصْفٍ مَأْكُولٍ

Faja`alahum Ka`aşfin Ma'kūlin

سـورة قريش
Quraysh

لِإِيلَافِ قُرَيْشٍ

Li'īlāfi Qurayshin

إِيلَافِهِمْ رِحْلَةَ الشِّتَاءِ وَالصَّيْفِ

'Īlāfihim Riĥlata Ash-Shitā'i Wa Aş-Şayfi

فَلْيَعْبُدُوا رَبَّ هَٰذَا الْبَيْتِ

Falya`budū Rabba Hādhā Al-Bayti

الَّذِي أَطْعَمَهُمْ مِنْ جُوعٍ

Al-Ladhī 'Aţ`amahum Min Jū`in

وَآمَنَهُمْ مِنْ خَوْفٍ

Wa 'Āmanahum Min Khawfin

سورة الكوثر

Al-Kawthar

إِنَّا أَعْطَيْنَاكَ الْكَوْثَرَ

'Innā 'A`ţaynāka Al-Kawthara

فَصَلِّ لِرَبِّكَ

Faşalli Lirabbika

وَانْحَرْ

Wa Anĥar

إِنَّ شَانِئَكَ هُوَ الْأَبْتَرُ

'Inna Shāni'aka Huwa Al-'Abtaru

سورة الكافرون

Al-Kafirun

قُلْ يَا أَيُّهَا الْكَافِرُونَ

Qul Yā 'Ayyuhā Al-Kāfirūna

لَا أَعْبُدُ مَا تَعْبُدُونَ

Lā 'A`budu Mā Ta`budūna

وَلَا أَنْتُمْ عَابِدُونَ مَا أَعْبُدُ

Wa Lā 'Antum `Ābidūna Mā 'A`budu

وَلَا أَنَا عَابِدٌ مَا عَبَدْتُمْ

Wa Lā 'Anā `Ābidun Mā `Abadttum

وَلَا أَنْتُمْ عَابِدُونَ مَا أَعْبُدُ

Wa Lā 'Antum `Ābidūna Mā 'A`budu

لَكُمْ دِينُكُمْ وَلِيَ دِينِ

Lakum Dīnukum Wa Liya Dīni

النصر

An-Nasr

إِذَا جَاءَ نَصْرُ اللَّهِ وَالْفَتْحُ

'Idhā Jā'a Naşru Allāhi Wa Al-Fatĥu

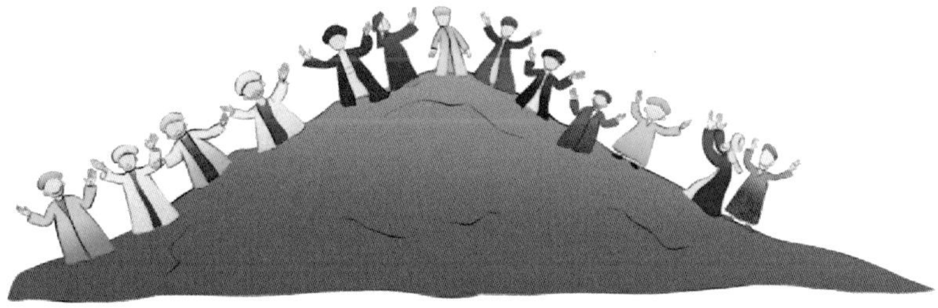

وَرَأَيْتَ النَّاسَ يَدْخُلُونَ فِي دِينِ اللَّهِ أَفْوَاجًا

Wa Ra'ayta An-Nāsa Yadkhulūna Fī Dīni Allāhi 'Afwājāan

فَسَبِّحْ بِحَمْدِ رَبِّكَ وَاسْتَغْفِرْهُ ۚ إِنَّهُ كَانَ تَوَّابًا

Fasabbiĥ Biĥamdi Rabbika Wa As'taghfirhu 'Innahu Kāna Tawwābāan

لون

color

سـورة النبأ
An-Naba

يوم القيامة

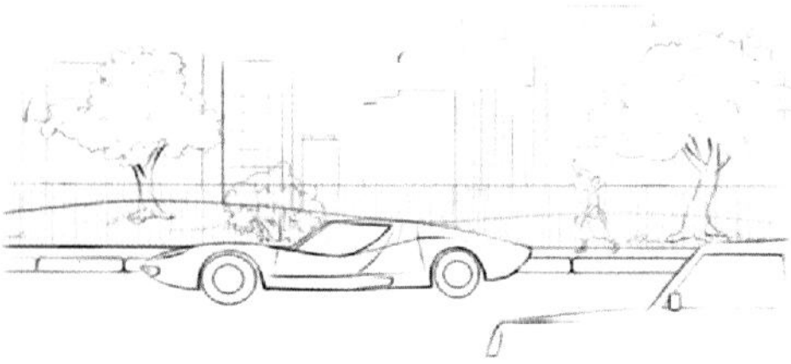

1
2
3
4
5
6
7

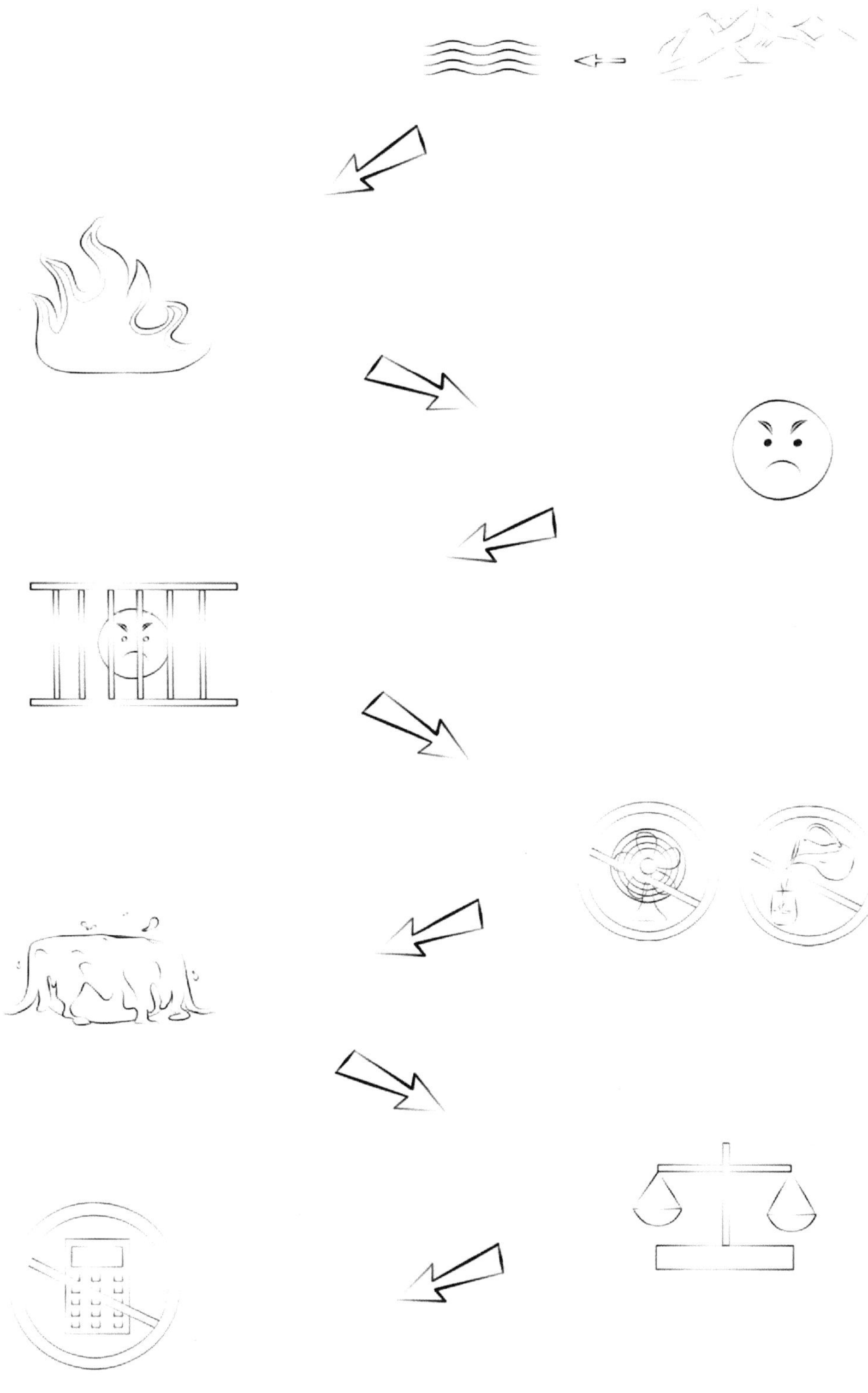

الرحمن
يوم القيامة

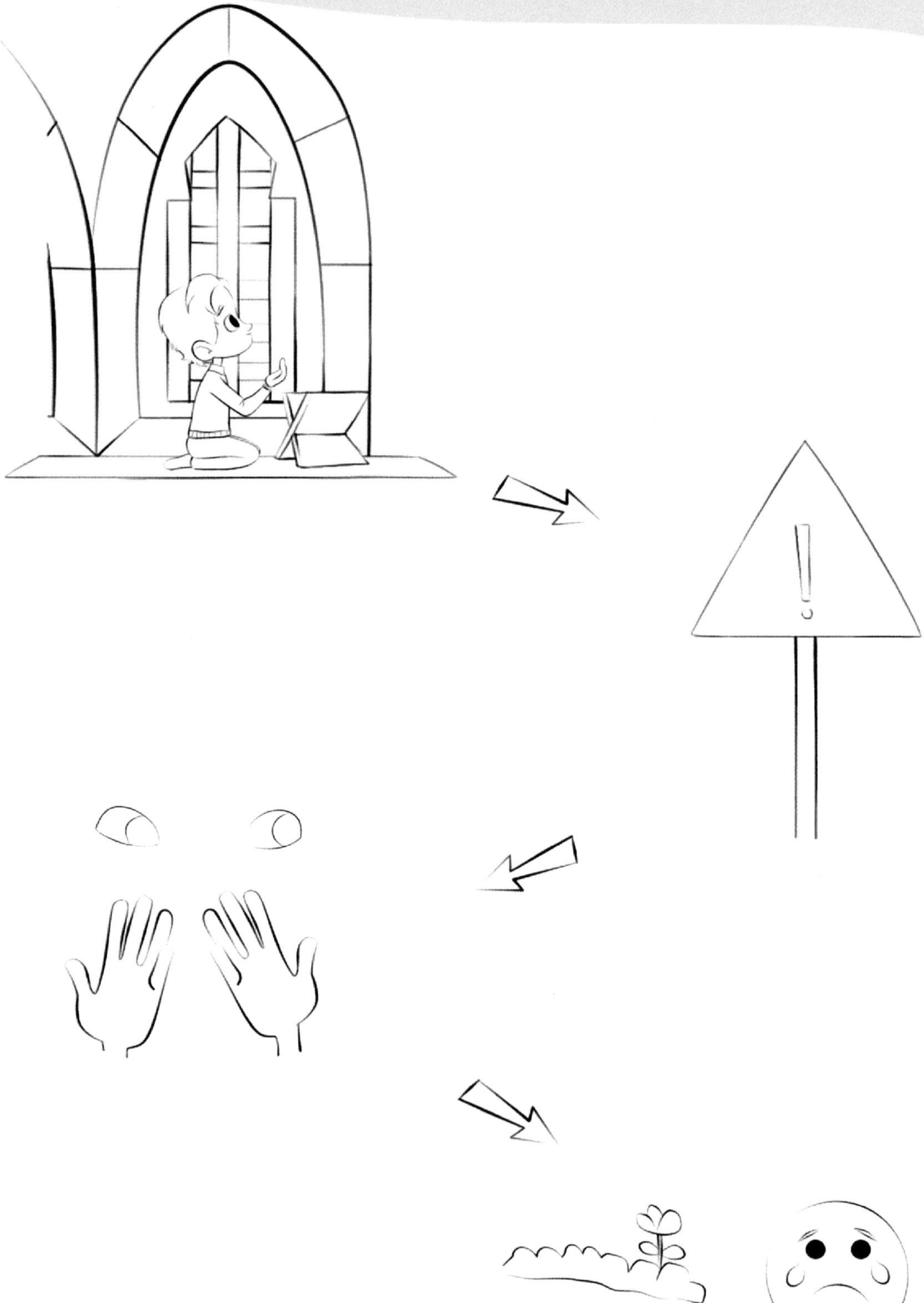

سورة العصر

Al-'Asr

سورة الهمزة

Al-Humazah

سورة الفيل

Al-Fil

سـورة قريش

Quraysh

سورة الكوثر

Al-Kawthar

سورة الكافرون

Al-Kafirun

الله

النصر

An-Nasr

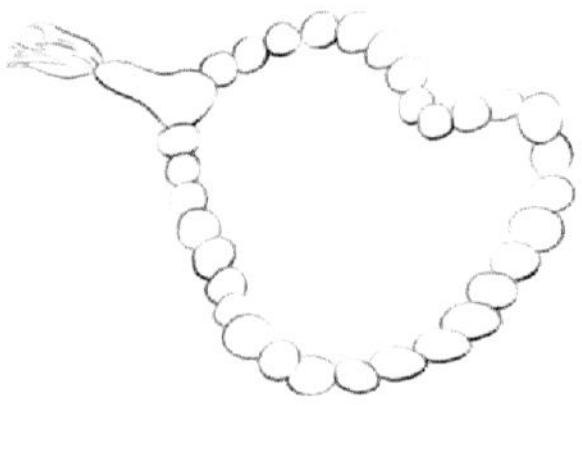

هذا العمل جهد متواضع ، ونشجع ونشكر كل من سيرسل بتعليقات أو اقتراحات ، ونعد بتطبيقها في الطبعات اللاحقة من الكتاب بإذن الله.
لإرسال التعليقات ، يرجى الاتصال بنا عبر البريد الإلكتروني على
alismaael@gmail.com

This work is a humble effort, and we would encourage and thank everyone who would send comments or suggestions, and we promise to apply them in the subsequent editions of the book, God .willing
To send comments, please contact us by e-mail at
alismaael@gmail.com

Made in United States
North Haven, CT
31 March 2022

17733273R10031